Ensaladas Creativas para Principiantes

Deliciosas Recetas para una Alimentación Fresca y Variada

Laura García

Indice

Ensalada de espinacas y moras 9
Ensalada de verduras con queso suizo 11
Deliciosa ensalada de zanahoria..13
Ensalada de verduras en escabeche..15
Ensalada de maíz colorido asado...17
pepino cremoso 19
Ensalada de champiñones y tomates en escabeche 21
ensalada de frijoles...23
Ensalada de remolacha con ajo 25
Maíz en escabeche 26
ensalada de guisantes 28
Ensalada de remolacha...30
Ensalada de manzana y aguacate 32
Ensalada de maíz, frijol y cebolla 34
ensalada vegetariana italiana 36
Ensalada de pasta con mariscos 38
Ensalada de verduras a la parrilla 40
Deliciosa ensalada de maíz de verano...42
Ensalada de guisantes crujientes con caramelo 44
Ensalada mágica de alubias negras 46
Ensalada griega muy buena..48
Increíble ensalada de pepino tailandés 50
Ensalada de tomate y albahaca rica en proteínas 52
Ensalada rápida de aguacate y pepino 54

Ensalada de cebada con tomates y queso feta 56

Ensalada inglesa de pepino y tomate 58

Ensalada de berenjenas de la abuela 60

Ensalada de zanahoria, tocino y brócoli 62

Ensalada de pepino y tomate con nata 64

Ensalada de tortellini con tomates 66

Brócoli y tocino en salsa mayonesa 69

Ensalada de pollo con crema de pepino 71

Verduras con salsa de rábano picante 73

Ensalada de guisantes dulces y pasta 75

Ensalada de pepperoni de colores 77

Ensalada de pollo, tomates secos y queso de piñones 79

Ensalada de tomate y mozarella 81

Ensalada picante de calabacín 83

Ensalada de tomate y espárragos 85

Ensalada de pepino con menta, cebolla y tomate 87

Adas Salatas 89

Ajvar 91

Ensalada bakdoonsiyyeh 93

ensalada rellena 94

ensalada curtida 96

ensalada gado gado 98

Hobak Namulu 100

Ensalada Horiatiki 102

Ensalada Waldorf De Pollo 104

Ensalada de lentejas con aceitunas y feta 106

Ensalada tailandesa de ternera a la parrilla 108

ensalada americana 110

Ensalada picante de pera y queso azul 112

Ensalada italiana picante 114

ensalada César 116

Ensalada de prosciutto, pera y nueces caramelizadas 118

Ensalada romana de mandarina con aderezo de semillas de amapola
 120

Ensalada casera de restaurante 122

Ensalada de espinaca 124

Ensalada de espinacas Super Seven 126

buena ensalada 127

Ensalada de espinacas y cebada 128

Ensalada de fresas, kiwi y espinacas 130

Ensalada de espinacas y granada 131

Ensalada de espinacas con salsa de jalea de pimienta 132

Ensalada súper sencilla de espinacas y pimiento rojo 133

Ensalada de espinacas, sandía y menta 134

Deliciosa ensalada de granada 136

Ensalada crujiente de manzana y almendras 137

Disfruta con mandarinas, gorgonzola y almendras 138

Lechuga romana y naranjas al vapor 139

ensalada adictiva 140

Ensalada de col rizada con granada, pipas de girasol y almendras
laminadas 142

Ensalada feta de granada con vinagreta de limón dijon 144

Ensalada de rúcula, hinojo y naranja 146

Ensalada de espinacas con aguacate y sandía 147

Ensalada de aguacate, kale y quinoa 148

Ensalada de calabacín con aderezo especial.. 150

Ensalada de verduras y tocino 152

Ensalada de pepino crujiente... 154

Ensalada colorida de vegetales y queso 156

Ensalada de pepino cremosa 158

Ensalada de tocino y brócoli 160

Ensalada de verduras y pan de maíz 162

Ensalada de frijoles y vegetales 164

Ensalada de maíz y aceitunas.. 166

Ensalada de maíz... 168

Ensalada húngara fresca 170

Una combinación perfecta de tomates, pepinos y cebollas. 172

Ensalada clásica de pepino... 174

Ensalada de tomate con cerezas 176

Ensalada de espárragos.. 178

Pasta y frijoles negros en ensaladas 180

Ensalada de espinacas y remolacha.. 182

Ensalada de patata con vinagre balsámico 184

Ensalada de tomate marinado 186

Deliciosa ensalada de brócoli.. 188

Ensalada italiana de maíz con aderezo italiano 190

Ensalada de espárragos y pimientos... 191

Ensalada de tomate y albahaca 193

Ensalada colorida de la huerta 195

ensalada de champiñones... 197

Ensalada de quinoa, menta y tomate 199

receta de ensalada de chucrut... 201

Ensalada rápida de pepino 203

Rodajas de tomate con salsa de nata 205

plato de ensalada de remolacha 206

Ensalada de pollo y espinacas 208

Ensalada alemana de pepino 210

Ensalada de cítricos colorida con aderezo único 212

Ensalada de patata, zanahoria y remolacha 214

Ensalada de melón y jamón 215

Ensalada de maíz y frijoles blancos 217

Ensalada de espinacas y moras

Ingredientes

3 tazas de espinacas tiernas, lavadas y escurridas

1 litro de moras frescas

1 pinta de tomates cherry

1 cebolleta, en rodajas

¼ taza de nueces finamente picadas

6 onzas de queso feta desmenuzado

½ taza de flores comestibles

Elección de tocino o aderezo balsámico

método

Mezcle las espinacas, las moras, los tomates cherry, las cebolletas y las nueces. Agregue el queso y mezcle nuevamente. Esta ensalada sabe bien; con o sin aderezo para ensaladas. Si desea agregar un aderezo, use salsa de tocino o mucho vinagre balsámico. Adorne con sus flores comestibles favoritas antes de servir.

¡Disfrutar!

Ensalada de verduras con queso suizo

Ingredientes

1 taza de chalotes, en rodajas

1 taza de apio, en rodajas

1 taza de pimiento verde

1 taza de aceitunas rellenas de chile

6 tazas de lechuga picada

1/3 taza de aceite vegetal

2 tazas de queso suizo rallado

2 cucharas vinagre de vino tinto

1 cuchara grande. mostaza de Dijon

Añadir sal y pimienta al gusto

método

Combine las aceitunas, la cebolla, el apio y el pimiento verde en una ensaladera y mezcle bien. Mezcla el aceite, la mostaza y el vinagre en un tazón pequeño. Agregue sal y pimienta. Vierta el aderezo sobre las verduras. Ponlo en la nevera durante la noche o durante varias horas. Antes de servir, cubra el plato con hojas de ensalada. Mezclar el queso con las verduras. Coloque la lechuga encima de la ensalada. Ponemos queso rallado encima. Servir inmediatamente.

¡Disfrutar!

Deliciosa ensalada de zanahoria

Ingredientes

2 kg de zanahorias, peladas y cortadas en finas rodajas diagonales

½ taza de hojuelas de almendras

1/3 taza de arándanos secos

2 tazas de rúcula

2 dientes de ajo picado

1 paquete de queso azul danés, desmenuzado

1 cuchara grande. vinagre de manzana

¼ taza de aceite de oliva virgen extra

1 cucharadita. Miel

1-2 pizcas de pimienta negra recién molida

Agregar sal al gusto

método

Mezclar las zanahorias, el ajo y las almendras en un bol. Añadir un poco de aceite de oliva y mezclar bien. Sal y pimienta para probar. Transfiera la mezcla a una bandeja para hornear y hornee en un horno precalentado a 400 F o 200 C durante 30 minutos. Retirar del horno cuando los bordes estén dorados y dejar enfriar. Transfiera la mezcla de zanahoria a un tazón. Agregue la miel, el vinagre, los arándanos y el queso y mezcle bien. Agregue la rúcula y sirva inmediatamente.

¡Disfrutar!

Ensalada de verduras en escabeche

Ingredientes

1 lata de guisantes pequeños, escurridos

1 lata de judías verdes francesas, escurridas

1 caja de mazorcas de maíz blanco o zapato, escurridas

1 cebolla roja mediana, en rodajas finas

¾ taza de apio finamente picado

2 cucharas Pimienta de Jamaica finamente picada

½ taza de vinagre de vino blanco

½ taza de aceite vegetal

una taza de azúcar

½ cucharadita de pimienta 1/2 cucharadita. sal

método

Tome un tazón grande y mezcle los guisantes, el maíz y los frijoles. Agregue el apio, la cebolla y el chile y mezcle bien. Toma la olla. Agregue todos los demás ingredientes y cocine a fuego lento. Revuelva constantemente hasta que el azúcar se disuelva. Verter la salsa sobre la mezcla de verduras. Cubra el recipiente con una tapa y refrigere durante la noche. Puedes guardarlo en el refrigerador por varios días. Servir frío.

¡Disfrutar!

Ensalada de maíz colorido asado

Ingredientes

8 1 pimiento rojo cortado en cubitos en hojas de maíz frescas

1 pimiento verde, cortado en cubitos

1 cebolla roja, picada

1 taza de cilantro fresco picado

½ taza de aceite de oliva

4 dientes de ajo, machacados y luego picados

3 limas

1 cucharadita. azucar blanca

Añadir sal y pimienta al gusto

1 cuchara grande. salsa picante

método

Tome un tazón grande y ponga el maíz en él. Vierta agua y remoje el maíz durante 15 minutos. Retire la seda de las hojas de maíz y reserve. Retire la parrilla y caliente a fuego alto. Coloca los elotes en la parrilla y cocina por 20 minutos. Darles la vuelta de vez en cuando. Dejar enfriar y desechar las pieles. Tome una licuadora, vierta aceite de oliva, jugo de limón, salsa picante y mezcle. Agrega el cilantro, el ajo, el azúcar, la sal y la pimienta. Mezclar para hacer una mezcla suave. Espolvorea el maíz por encima. Servir inmediatamente.

¡Disfrutar!

pepino cremoso

Ingredientes

3 pepinos, pelados y en rodajas finas

1 cebolla, en rodajas

2 tazas de agua

¾ taza de crema para crema batida

¼ taza de vinagre de sidra de manzana

Perejil fresco finamente picado, si lo desea

una taza de azúcar

½ cucharadita de sal

método

Agregue agua y sal a los pepinos y las cebollas, déjelos en remojo durante al menos 1 hora. Escurrir el exceso de agua. Batir la nata y el vinagre en un bol hasta que quede suave. Agregue el pepino en escabeche y la cebolla. Mezcle bien para cubrir uniformemente. Refrigerar por unas horas. Espolvorear con perejil antes de servir.

¡Disfrutar!

Ensalada de champiñones y tomates en escabeche

Ingredientes

12 onzas de tomates cherry, cortados a la mitad

1 paquete de champiñones frescos

2 cebollas verdes picadas

taza de vinagre balsámico

1/3 taza de aceite vegetal

1 ½ cucharaditas de azúcar blanca

½ cucharadita de pimienta negra molida

½ cucharadita de sal

½ taza de albahaca fresca picada

método

En un tazón, mezcle el vinagre balsámico, el aceite, la pimienta, la sal y el azúcar hasta que quede suave. Tome otro tazón grande y mezcle los tomates, las cebollas, los champiñones y la albahaca. Tíralo bien. Agregue las especias y cubra las verduras de manera uniforme. Cubra el recipiente y refrigere durante 3-5 horas. Servir frío.

¡Disfrutar!

ensalada de frijoles

Ingredientes

1 lata de frijoles pintos, lavados y escurridos

Lavar y escurrir 1 bote de garbanzos o garbanzos

1 lata de judías verdes

1 lata de frijoles de cera, escurridos

¼ taza de pimientos verdes en juliana

8 cabezas de cebolletas, cortadas en rodajas

½ taza de vinagre de sidra de manzana

una taza de aceite de canola

una taza de azúcar

½ cucharadita de sal

método

Combine los frijoles en un tazón grande. Agregue el pimiento verde y la cebolla a los frijoles. Batir el vinagre de sidra de manzana, el azúcar, el aceite y la sal en un recipiente tapado hasta que quede suave. Permita que el azúcar se disuelva completamente en el aderezo. Vierta sobre la mezcla de frijoles y mezcle bien. Cubra la mezcla y refrigere durante la noche.

¡Disfrutar!

Ensalada de remolacha con ajo

Ingredientes

6 Remolachas hervidas, peladas y en rodajas

3 cucharas Aceite de oliva

2 cucharas vinagre de vino tinto

2 dientes de ajo

Agregar sal al gusto

Chalotes, algunos para decorar

método

Combine todos los ingredientes en un tazón y mezcle bien. Servir inmediatamente.

¡Disfrutar!

Maíz en escabeche

Ingredientes

1 taza de maíz congelado

2 cebollas verdes, en rodajas finas

1 cuchara grande. Pimiento verde picado

1 hoja de ensalada verde al gusto

¼ taza de mayonesa

2 cucharas Jugo de limon

cucharilla. Mostaza molida

cucharilla. azúcar

1-2 pizcas de pimienta recién molida

método

En un tazón grande, mezcle la mayonesa con jugo de limón, mostaza en polvo y azúcar. Batir hasta que quede suave. Agregue el maíz, el pimiento verde y la cebolla a la mayonesa. Sazona la mezcla son sal y pimienta. Cubra y refrigere durante la noche o al menos 4-5 horas. Antes de servir, cubre el plato con lechuga y coloca encima la ensalada.

¡Disfrutar!

ensalada de guisantes

Ingredientes

8 rebanadas de tocino

1 paquete de guisantes congelados, descongelados y escurridos

½ taza de apio picado

½ taza de cebolla tierna picada

2/3 taza de crema agria

1 taza de anacardos picados

Añadir sal y pimienta al gusto

método

Coloque el tocino en una sartén grande y cocine a fuego medio-medio hasta que se dore por ambos lados. Escurra el exceso de aceite con una toalla de papel y desmenuce el tocino. Mantenlo a un lado. Combine el apio, los guisantes, las cebolletas y la crema agria en un tazón mediano. Mezclar bien con manos suaves. Agregue los anacardos y el tocino a la ensalada justo antes de servir. Servir inmediatamente.

¡Disfrutar!

Ensalada de remolacha

Ingredientes

¼ taza de pimiento rojo dulce, picado

4 tazas de remolachas peladas picadas

¼ taza de cebollas verdes

¼ taza de mayonesa

1 cuchara grande. Vinagre

2 cucharas azúcar

cucharilla. Pimienta

cucharilla. sal

método

Consigamos un cuenco. Mezclar el pimiento rojo, la cebolla y mezclar. Tome otro tazón para hacer el aderezo. Combine la mayonesa, el vinagre, el azúcar, la sal y la pimienta y mezcle bien. Vierta la mezcla sobre las verduras y mezcle bien. Tome las remolachas en un tazón, agregue esta mezcla a las remolachas y mezcle bien. Coloque las verduras en el refrigerador durante la noche o durante varias horas. Más adobos contienen más sabor. Servir frío.

¡Disfrutar!

Ensalada de manzana y aguacate

Ingredientes

1 paquete verde bebe

¼ taza de cebolla roja picada

½ taza de nueces picadas

1/3 taza de queso azul desmenuzado

2 cucharaditas de cáscara de limón

1 manzana, pelada, sin corazón y en rodajas

1 aguacate, pelado, sin hueso y cortado en cubitos

4 mandarinas, escurridas

½ limón, exprimido

1 diente de ajo picado

2 cucharas Aceite de oliva Sal al gusto

método

Mezclar las verduras, las nueces, la cebolla morada, el queso azul y la piel de limón en un bol. Mezcle bien la mezcla. Batir enérgicamente el jugo de mandarina, la ralladura de limón, el jugo de limón, el ajo picado y el aceite de oliva. Agregue sal a la mezcla. Verter sobre la ensalada y mezclar. Agregue la manzana y el aguacate al tazón y revuelva justo antes de servir la ensalada.

¡Disfrutar!

Ensalada de maíz, frijol y cebolla

Ingredientes

1 lata de maíz entero, lavado y escurrido

1 lata de guisantes lavados y escurridos

1 lata de judías verdes, escurridas

1 bote de pimientos, escurridos

1 taza de apio finamente picado

1 cebolla finamente picada

1 pimiento verde, finamente picado

1 taza de azúcar

½ taza de vinagre de sidra de manzana

½ taza de aceite de canola

1 cucharadita. sal

½ cucharadita de pimienta

método

Tome una ensaladera grande y mezcle la cebolla, el pimiento verde y el apio. Mantenlo a un lado. Tome una olla, vierta vinagre, aceite, azúcar, sal y pimienta y deje hervir. Retire del fuego y deje que la mezcla se enfríe. Espolvoree sobre las verduras y mezcle bien para cubrir las verduras de manera uniforme. Refrigere por unas horas o toda la noche. Servir frío.

¡Disfrutar!

ensalada vegetariana italiana

Ingredientes

1 lata de corazones de alcachofa, escurridos y cortados en cuartos

5 tazas de lechuga, lavada, seca y picada

1 pimiento rojo cortado en tiras

1 zanahoria 1 cebolla roja finamente picada

una taza de aceitunas negras

una taza de aceitunas verdes

½ pepino

2 cucharas queso romano rallado

1 cucharadita. tomillo fresco picado

½ taza de aceite de canola

1/3 taza de vinagre de estragón

1 cuchara grande. azucar blanca

½ cucharadita de mostaza en polvo

2 dientes de ajo picado

método

Tome un recipiente mediano con una tapa hermética. Agregue aceite de canola, vinagre, mostaza seca, azúcar, tomillo y ajo. Tapar el bol y batir enérgicamente hasta obtener una mezcla homogénea. Pasar la mezcla a un bol y añadir los corazones de alcachofa. Enfriar y dejar marinar durante la noche. Tome un tazón grande y mezcle la lechuga, las zanahorias, el pimiento rojo, la cebolla roja, las aceitunas, el pepino y el queso. Agitar suavemente. Agregue sal y pimienta para sazonar. Mezclar con las alcachofas. Dejar marinar durante cuatro horas. Servir frío.

¡Disfrutar!

Ensalada de pasta con mariscos

Ingredientes

1 paquete de pasta tricolor

3 tallos de apio

1 kilo de carne de cangrejo de imitación

1 taza de guisantes congelados

1 taza de mayonesa

½ cucharada de azúcar blanca

2 cucharas vinagre blanco

3 cucharas leche

1 cucharadita. sal

cucharilla. Pimienta negro

método

Hervir una olla de agua con sal, agregar la pasta y cocinar por 10 minutos. Cuando la pasta haya hervido, añade los guisantes y la carne de cangrejo. Mezcle el resto de los ingredientes enumerados en un tazón grande y déjelo reposar por un tiempo. Mezclar los guisantes, la carne de cangrejo y la pasta. Servir inmediatamente.

¡Disfrutar!

Ensalada de verduras a la parrilla

Ingredientes

1 kilo de espárragos frescos

Cortar 2 calabacines por la mitad a lo largo y cortar el extremo

2 calabacines amarillos

1 cebolla morada grande cortada en aros

2 pimientos rojos, partidos por la mitad y sin semillas.

½ taza de aceite de oliva virgen extra

un vaso de vinagre de vino tinto

1 cuchara grande. mostaza de Dijon

1 diente de ajo picado

Sal y pimienta negra molida al gusto

método

Las verduras se calientan y se asan a la parrilla durante 15 minutos, luego se retiran las verduras de la parrilla y se cortan en trozos pequeños. Agrega el resto de los ingredientes y mezcla la ensalada para que se mezclen bien todas las especias. Servir inmediatamente.

¡Disfrutar!

Deliciosa ensalada de maíz de verano

Ingredientes

6 mazorcas de maíz peladas y completamente limpias

3 tomates grandes, picados

1 cebolla grande, finamente picada

¼ taza de albahaca fresca picada

una taza de aceite de oliva

2 cucharas vinagre blanco

Sal pimienta

método

Tome una olla grande, agregue agua y sal y deje hervir. Cocine el maíz en agua hirviendo, luego agregue todos los ingredientes enumerados. Mezcle bien la mezcla y refrigere. Servir frío.

¡¡Disfrutar!!

Ensalada de guisantes crujientes con caramelo

Ingredientes

8 rebanadas de tocino

1 paquete de guisantes liofilizados

½ taza de apio picado

½ taza de cebolla tierna picada

2/3 taza de crema agria

1 taza de anacardos picados

Sal y pimienta para probar

método

Fríe el tocino en una sartén a fuego medio hasta que esté dorado. Mezclar el resto de los ingredientes excepto los anacardos en un bol. Finalmente, agregue el tocino y los anacardos a la mezcla. Mezclar bien y servir de inmediato.

¡Disfrutar!

Ensalada mágica de alubias negras

Ingredientes

1 lata de frijoles negros lavados y escurridos

2 cajas de maíz seco en mazorca

8 cebollas verdes picadas

2 chiles jalapeños, sin semillas y picados

1 pimiento verde picado

1 aguacate, pelado, sin hueso y cortado en cubitos.

1 bote de pimentón plus

3 tomates sin semillas y picados

1 taza de cilantro fresco picado

1 lima exprimida

½ taza de aderezo italiano para ensaladas

½ cucharadita de sal de ajo sazonada

método

Tome un tazón grande y ponga todos los ingredientes en él. Mezclar bien para combinar bien. Servir inmediatamente.

¡Disfrutar!

Ensalada griega muy buena

Ingredientes

3 tomates maduros grandes, picados

2 pepinos pelados y picados

1 cebolla roja pequeña, finamente picada

una taza de aceite de oliva

4 cucharaditas de jugo de limón

½ cucharadita de orégano seco

Añadir sal y pimienta al gusto

1 taza de queso feta desmenuzado

6 aceitunas negras griegas, sin hueso y rebanadas

método

Tome un tazón mediano y mezcle bien el tomate, el pepino y la cebolla y déjelo reposar durante cinco minutos. Rocíe la mezcla con aceite, jugo de limón, orégano, sal, pimienta, queso feta y aceitunas. Retirar del horno y servir inmediatamente.

¡¡Disfrutar!!

Increíble ensalada de pepino tailandés

Ingredientes

3 pepinos grandes pelados, cortados en rodajas de ¼ de pulgada y sin semillas

1 cuchara grande. sal

½ taza de azúcar blanca

½ taza de vinagre de vino de arroz

2 chiles jalapeños picados

¼ taza de cilantro picado

½ taza de maní picado

método

Mezcle todos los ingredientes en un tazón grande y mezcle bien. Sazonar al gusto y servir frío.

¡Disfrutar!

Ensalada de tomate y albahaca rica en proteínas

Ingredientes

4 tomates grandes maduros en rodajas

1 kilo de queso mozzarella fresco, mozzarella en rodajas

1/3 taza de albahaca fresca

3 cucharas aceite de oliva virgen extra

sal marina fina

Pimienta negra recién molida

método

Coloque las rodajas de tomate y mozzarella alternativamente y una encima de la otra en el plato. Al final, espolvorear con un poco de aceite de oliva, sal marina fina y pimienta. Servir fresco, sazonado con hojas de albahaca.

¡Disfrutar!

Ensalada rápida de aguacate y pepino

Ingredientes

2 pepinos medianos cortados en cubos

2 cubos de aguacate

4 cucharas cilantro fresco picado

1 diente de ajo picado

2 cucharas cebolla verde picada

cucharilla. sal

pimienta negra

un limon grande

1 lima

método

Tome el pepino, el aguacate y el cilantro y mezcle bien. Finalmente, agregue la pimienta, el limón, la lima, la cebolla y el ajo. Tíralo recto. Servir inmediatamente.

¡Disfrutar!

Ensalada de cebada con tomates y queso feta

Ingredientes

1 taza de pasta de cebada cruda

una taza de aceitunas verdes sin hueso

1 taza de queso feta cortado en cubitos

3 cucharas Presley fresco picado

1 tomate maduro, picado

taza de aceite de oliva virgen

una taza de jugo de limón

Sal pimienta

método

Cocine la cebada de acuerdo con las instrucciones del fabricante. Coge un bol y mezcla bien la cebada, las aceitunas, el perejil, el eneldo y los tomates. Al final, agregue sal y pimienta y agregue queso feta encima. Servir inmediatamente.

¡Disfrutar!

Ensalada inglesa de pepino y tomate

Ingredientes

8 tomates romanos o datterino

1 pepino inglés, pelado y cortado en cubitos

1 taza de jícama, pelada y picada

1 pimiento amarillo pequeño

½ taza de cebolla roja, picada

3 cucharas Jugo de limon

3 cucharas aceite de oliva virgen extra

1 cuchara grande. Perejil seco

1-2 pizcas de pimienta

método

Mezcle los tomates, los pimientos, los pepinos, las cebolletas y las cebollas rojas en un tazón. Tíralo bien. Vierta el aceite de oliva, el jugo de limón y cubra la mezcla. Espolvorear con perejil y mezclar. Condimentar con sal y pimienta. Servir inmediatamente o frío.

¡Disfrutar!

Ensalada de berenjenas de la abuela

Ingredientes

1 berenjena

4 tomates, cortados en cubitos

3 huevos duros, cortados en cubitos

1 cebolla finamente picada

½ taza de aderezo para ensalada francés

½ cucharadita de pimienta

Sal, para sazonar, al gusto

método

Lava las berenjenas y córtalas por la mitad a lo largo. Coge una sartén y engrásala con aceite de oliva. Coloque las berenjenas con el lado cortado hacia abajo en una fuente engrasada. Hornee durante 30-40 minutos a 350 grados. Sácalo y déjalo enfriar. Pelar las berenjenas. Córtalos en cubos pequeños. Tome un tazón grande y ponga las berenjenas en él. Agregue la cebolla, el tomate, el huevo, las especias, la pimienta y la sal. Tíralo bien. Refrigera por al menos 1 hora y sirve.

¡Disfrutar!

Ensalada de zanahoria, tocino y brócoli

Ingredientes

2 cabezas de brócoli fresco, picado

½ libra de tocino

1 manojo de cebolletas, picadas

½ taza de zanahorias picadas

½ taza de pasas, si lo desea

1 taza de mayonesa

½ taza de vinagre blanco destilado

1-2 pizcas de pimienta

Agregar sal al gusto

método

Freír el tocino en una sartén grande a fuego medio hasta que esté dorado. Escurrir y desmenuzar. En un tazón grande, combine el brócoli, las cebollas verdes, las zanahorias y el tocino. Sal pimienta. Comience bien. Tome un tazón o recipiente pequeño y ponga mayonesa, vinagre y un batidor. Vierta el aderezo sobre la mezcla de verduras. Sazonar las verduras con mano fina. Enfriar durante al menos 1 hora y servir.

¡Disfrutar!

Ensalada de pepino y tomate con nata

Ingredientes

3-4 pepinos, pelados y en rodajas

2 hojas de ensalada verde, para decorar, al gusto

5-7 rodajas de tomate,

1 cebolla roja, finamente cortada en aros

1 cuchara grande. Cebollino finamente picado

½ taza de crema agria

2 cucharas vinagre blanco

½ cucharadita de semillas de eneldo

cucharilla. Pimienta

una pizca de azúcar

1 cucharadita. sal

método

Coloque las rodajas de pepino en un tazón y espolvoree con sal. Marinar durante 3-4 horas en el refrigerador. Saca el pepino y lávalo. Escurra todo el líquido y transfiéralo a una ensaladera grande. Agregar la cebolla y reservar. Tome un tazón pequeño y mezcle el vinagre, la crema agria, las cebolletas, las semillas de eneldo, la pimienta y el azúcar. Bate la mezcla y viértela sobre la mezcla de pepino. Agitar suavemente. Disponer bien el plato con la lechuga y los tomates. Servir inmediatamente.

¡Disfrutar!

Ensalada de tortellini con tomates

Ingredientes

1 kilo de pasta tortellini

3 conchas cortadas por la mitad

3 onzas de salami duro, cortado en cubitos

2/3 taza de apio picado

¼ taza de aceitunas negras rebanadas

½ taza de pimiento rojo

1 cuchara grande. Cebolla roja picada

1 cuchara grande. Salsa de tomate

1 diente de ajo picado

3 cucharas vinagre de vino tinto

3 cucharas Vinagre balsámico

2 cucharaditas de mostaza Dijon

1 cucharadita. Miel

1/3 taza de aceite de oliva

1/3 taza de aceite vegetal

¾ taza de provolone rallado

¼ taza de perejil fresco picado

1 cucharadita. Romero fresco picado

1 cuchara grande. Jugo de limon

Pimienta y sal al gusto

método

Cocine la pasta de acuerdo con las instrucciones del paquete. Verter sobre agua fría y escurrir. Mantenlo a un lado. Asa los tomates hasta que la piel esté parcialmente ennegrecida. Ahora prepara los tomates en una licuadora. Agregue la pasta de tomate, el vinagre, el ajo, la miel y la mostaza y mezcle nuevamente. Agregue gradualmente aceite de oliva y vegetal y mezcle hasta que quede suave. Sal pimienta. Mezcla la pasta con todas las verduras, las hierbas, el salami y el jugo de limón en un tazón. Vierta el aderezo y mezcle bien. Atender.

¡Disfrutar!

Brócoli y tocino en salsa mayonesa

Ingredientes

1 manojo de brócoli cortado en floretes

½ cebolla roja pequeña, finamente picada

1 taza de mozzarella rallada

8 tiras de tocino, cocidas y desmoronadas

½ taza de mayonesa

1 cuchara grande. vinagre de vino blanco

una taza de azúcar

método

Coloque el brócoli, el tocino cocido, la cebolla y el queso en una ensaladera grande. Mezclar suavemente con las manos. Cubrir y reservar. Mezcla la mayonesa, el vinagre y el azúcar en un tazón pequeño. Revuelve constantemente hasta que el azúcar se disuelva y obtengas una mezcla suave. Vierta el aderezo sobre la mezcla de brócoli y distribuya uniformemente. Servir inmediatamente.

¡Disfrutar!

Ensalada de pollo con crema de pepino

Ingredientes

2 latas de nuggets de pollo, escurridas

1 taza de uvas verdes sin semilla, cortadas a la mitad

½ taza de pecanas o almendras picadas

½ taza de apio picado

1 lata de mandarinas, escurridas

¾ taza de aderezo cremoso para ensalada de pepino

método

Tome una ensaladera grande y profunda. Puede decorar la parte superior con pollo, apio, uvas, naranjas y su elección de nueces o almendras. Agitar suavemente. Agregue el aderezo para ensalada de pepino. Extienda la mezcla de pollo y verduras de manera uniforme con el aderezo cremoso. Servir inmediatamente.

¡Disfrutar!

Verduras con salsa de rábano picante

Ingredientes

¾ taza de floretes de coliflor

una taza de pepino

¼ taza de tomates sin semillas picados

2 cucharas rábanos en rodajas

1 cuchara grande. Cebolla verde en rodajas

2 cucharas Cortar el apio en cubos.

¼ taza de queso americano cortado en cubitos

Para la cobertura:

2 cucharas mayonesa

1-2 cucharadas azúcar

1 cuchara grande. el rábano picante está listo

1/8 cucharadita de pimienta

cucharilla. sal

método

Combine la coliflor, el pepino, el tomate, el apio, el rábano, la cebolla verde y el queso en un tazón grande. Mantenlo a un lado. Consigamos un tazón pequeño. Mezcla la mayonesa, el azúcar, el rábano picante hasta que el azúcar se disuelva y obtengas una mezcla homogénea. Vierta el aderezo sobre las verduras y mezcle bien. Ponlo en la nevera durante 1-2 horas. Servir frío.

¡Disfrutar!

Ensalada de guisantes dulces y pasta

Ingredientes

1 taza de macarrones

2 tazas de guisantes congelados

3 huevos

3 cebollas verdes, picadas

2 tallos de apio, picados

¼ taza de aderezo ranch para ensaladas

1 cucharadita. azucar blanca

2 cucharaditas de vinagre de vino blanco

2 pepinillos dulces

1 taza de queso cheddar rallado

¼ de pimienta negra recién molida

método

Cuece la pasta en agua hirviendo. Añade una pizca de sal. Cuando esté listo, enjuague con agua fría y escurra. Toma un recipiente y llénalo con agua fría. Agregar los huevos y llevar a ebullición. Retirar del fuego y tapar. Deja los huevos en agua tibia durante 10-15 minutos. Retire los huevos del agua caliente y déjelos enfriar. Quitar la piel y cortar en trozos. Tome un tazón pequeño y mezcle el aderezo para ensaladas, el vinagre y el azúcar. Mezclar bien, sazonar con sal y pimienta negra recién molida. Mezclar la pasta, el huevo, las verduras y el queso. Vierta el aderezo y mezcle. Servir frío.

¡Disfrutar!

Ensalada de pepperoni de colores

Ingredientes

1 pimiento verde, encogido

1 pimiento amarillo dulce, en juliana

1 pimiento rojo dulce, en juliana

1 pimiento morado, en juliana

1 cebolla morada cortada en juliana

1/3 taza de vinagre

una taza de aceite de canola

1 cuchara grande. azúcar

1 cuchara grande. Albahaca fresca picada

cucharilla. sal

una pizca de pimienta

método

Tome un tazón grande y mezcle todos los pimientos y mezcle bien. Agregue la cebolla y mezcle nuevamente. Tome otro tazón y agregue el resto de los ingredientes y mezcle bien. Vierta el aderezo sobre la mezcla de pimiento y cebolla. Mezcle bien para cubrir las verduras. Cubra la mezcla y refrigere durante la noche. Servir frío.

¡Disfrutar!

Ensalada de pollo, tomates secos y queso de piñones

Ingredientes

1 hogaza de pan italiano, cortado en cubos

8 tiras de pollo a la parrilla

½ taza de piñones

1 taza de tomates secados al sol

4 cebollas verdes, cortadas en trozos de 1/2 pulgada

2 paquetes de ensalada mixta

3 cucharas aceite de oliva virgen extra

½ cucharadita de sal

½ cucharadita de pimienta negra recién molida

1 cucharadita. Polvo de ajo

8 onzas de queso feta, desmenuzado

1 taza de vinagreta balsámica

método

Mezclar el pan italiano y el aceite de oliva. Sazone con sal, ajo en polvo y sal. Coloque la mezcla en una sola capa en un molde engrasado de 9 por 13 pulgadas. Coloque en la parrilla precalentada y cocine hasta que estén doradas y doradas. Retire del horno y deje enfriar. Acomoda los piñones en la sartén, colócalos en la rejilla inferior del asador y tuéstalos con cuidado. Vierta agua caliente en un tazón pequeño y remoje los tomates secados al sol hasta que estén suaves. Rebana los tomates. Mezcla todos los vegetales verdes en una ensaladera; agregue los tomates, los piñones, los picatostes, el pollo asado, la vinagreta y el queso. Tíralo bien. Atender.

¡Disfrutar!

Ensalada de tomate y mozarella

Ingredientes

¼ taza de vinagre de vino tinto

1 diente de ajo picado

2/3 taza de aceite de oliva Aceitunas

1 litro de tomates cherry partidos por la mitad

1 ½ tazas de queso mozzarella semidesnatado, cortado en cubitos

¼ taza de cebolla picada

3 cucharas Albahaca fresca picada

Pimienta al gusto

½ cucharadita de sal

método

Consigamos un tazón pequeño. Agregue el vinagre, el ajo picado, la sal y la pimienta y revuelva hasta que la sal se disuelva. Agregue aceite y mezcle hasta que quede suave. Agregue los tomates, el queso, la cebolla y la albahaca a un tazón grande y mezcle suavemente. Agregue el aderezo y mezcle bien. Cubra el recipiente y refrigere durante 1-2 horas. Revuelva ocasionalmente. Servir frío.

¡Disfrutar!

Ensalada picante de calabacín

Ingredientes

1 ½ cucharadas de sésamo

¼ taza de caldo de pollo

3 cucharas Pasta de miso

2 cucharas Salsa de soja

1 cuchara grande. Vinagre de arroz

1 cuchara grande. Jugo de limón verde

½ cucharadita de salsa de chile tailandés

2 cucharaditas de azúcar moreno

½ taza de cebolla tierna picada

¼ taza de cilantro picado

6 calabacines, en juliana

2 hojas de nori cortadas en rodajas finas

2 cucharas almendras en rodajas

método

Coloque las semillas de sésamo en una sartén y coloque a fuego medio. Cocine por 5 minutos. Revuelva constantemente. Fríelo ligeramente. Combine el caldo de pollo, la salsa de soya, la pasta de miso, el vinagre de arroz, el jugo de limón, el azúcar moreno, la salsa de chile, la cebolla verde y el cilantro en un tazón y revuelva para combinar. Mezcle el calabacín y las especias en una ensaladera grande. Decora los calabacines con semillas de sésamo tostadas, almendras y nori. Servir inmediatamente.

¡Disfrutar!

Ensalada de tomate y espárragos

Ingredientes

1 libra de espárragos frescos, cortados en trozos de 1 pulgada

4 tomates, cortados en rodajas

3 tazas de champiñones frescos, rebanados

1 pimiento verde, encogido

¼ taza de aceite vegetal

2 cucharas vinagre de manzana

1 diente de ajo picado

1 cucharadita. Hojas secas de ajenjo

cucharilla. Salsa de chile

cucharilla. sal

cucharilla. Pimienta

método

Agregue un poco de agua a la sartén y cocine los espárragos hasta que estén tiernos y crujientes, alrededor de 4-5 minutos. Escurrir y reservar. En una ensaladera grande, mezcle los champiñones con los tomates y los pimientos verdes. Mezclar los demás ingredientes en otro recipiente. Agregue la mezcla de vegetales al aderezo. Mezcle bien, cubra y refrigere por 2-3 horas. Atender.

¡Disfrutar!

Ensalada de pepino con menta, cebolla y tomate

Ingredientes

2 pepinos cortados por la mitad a lo largo, limpios de semillas y cortados en rodajas

2/3 taza de cebolla roja picada gruesa

3 tomates, sin corazón y picados

½ taza de hojas de menta fresca picadas

1/3 taza de vinagre de vino tinto

1 cuchara grande. edulcorante granulado sin calorias

1 cucharadita. sal

3 cucharas Aceite de oliva

una pizca de pimienta

Agregar sal al gusto

método

Combine el pepino, el edulcorante granulado, el vinagre y la sal en un tazón grande. Deja que se absorba. Se debe dejar a temperatura ambiente por lo menos 1 hora para que se marine. Revuelve la mezcla de vez en cuando. Agregue los tomates, las cebollas y la menta fresca picada. Tíralo bien. Agregue el aceite a la mezcla de pepino. Revuelva para cubrir uniformemente. Sal y pimienta para probar. Servir frío.

¡Disfrutar!

Adas Salatas

(Ensalada Turca De Lentejas)

Ingredientes:

2 tazas de lentejas limpias

4 tazas de agua

una taza de aceite de oliva

1 cebolla, en rodajas

2-3 dientes de ajo cortados en rodajas

2 cucharaditas de comino en polvo

1-2 limones, solo jugo

1 manojo de perejil, cortado en rodajas

Añadir sal y aumentar al gusto.

2 tomates cortados en rodajas (opcional)

2 huevos, duros y rebanados (opcional)

Aceitunas negras, al gusto

¼ taza de leche feta, opcional, desmenuzada o en rodajas

método

Agregue los frijoles y el agua a una olla grande y cocine a fuego medio. Reduzca el fuego, ajuste y cocine hasta que esté listo. No cocine demasiado. Escurrir y lavar con agua fría. Calentar el aceite de oliva en una sartén a fuego medio. Agregue la cebolla roja y saltee hasta que esté transparente. Añadir los dientes de ajo y el comino y freír durante otros 1-2 minutos. Coloque los frijoles en un plato grande y agregue la cebolla roja, el tomate y el huevo. Mezclar el jugo de limón, perejil, perejil y sal. Servir espolvoreado con queso fresco.

¡Disfrutar!

Ajvar

Ingredientes:

3 berenjenas medianas, cortadas por la mitad a lo largo

6-8 pimientos rojos dulces

½ taza de aceite de oliva

3 cucharas Vinagre puro embotellado o jugo de naranja recién embotellado

2-3 dientes de ajo cortados en rodajas

Añadir sal y aumentar al gusto.

método

Precaliente el horno a 475 grados F. Coloque las berenjenas, con el lado cortado hacia abajo, en una bandeja para hornear cuidadosamente engrasada y hornee hasta que los moldes estén ennegrecidos y la berenjena esté bien cocida, aproximadamente 20 minutos. Transfiera a un plato grande y cocine a fuego lento durante unos minutos. Coloque los pimientos dulces en una bandeja para hornear y áselos en el horno, volteándolos, hasta que la piel se ennegrezca y los pimientos estén tiernos, unos 20 minutos más. Transfiera a otro tazón y cubra por unos minutos. Después de que las verduras limpias se hayan enfriado, retire la pulpa de la berenjena en un plato grande o batidora, desechando el resto. Cortar el pimiento y añadirlo a la berenjena. Triture la berenjena y el pimiento dulce con un machacador de patatas. pero todavía un poco áspero. Si usa una batidora, bata la mezcla hasta obtener la consistencia deseada.

¡Disfrutar!

Ensalada bakdoonsiyyeh

Ingredientes:

2 manojos de perejil italiano, cortado en gajos

taza de tahini

¼ taza de jugo de limón

Agregar sal al gusto

agua

método

En un tazón, mezcle el tahini, el jugo de naranja fresco y la sal hasta que quede suave. Agrega una cuchara. o dos, suficiente agua para hacer un aderezo espeso. Sazone al gusto. Añadir perejil picado y mezclar. Servir inmediatamente.

¡Disfrutar!

ensalada rellena

Ingredientes:

2 libras de apio amarillo Yukon Gold

½ taza de aceite

¼ taza de jugo de lima o naranja recién exprimido

2-3 rajas de chile amarillo al gusto

Añadir sal y aumentar al gusto.

2 tazas de relleno

2-3 huevos cocidos, cortados en rodajas

6-8 aceitunas negras sin hueso

método:

Colocar el apio en una olla con abundante agua con sal. Llevar a ebullición y cocinar el apio hasta que esté suave y listo. Mantenlo a un lado. Haga puré el apio con un machacador de papas o tritúrelo hasta que quede suave con un machacador de papas. Mezcle el aceite, agregue calcio mineral (si se usa) o jugo de naranja puro y sal al gusto. Forra el molde para lasaña. Distribuir el 50% del apio en el fondo del plato y alisarlo. Extienda su relleno favorito sobre el apio de manera similar. Extienda el apio restante sobre el relleno de la misma manera. Coloque el plato para servir boca abajo sobre el plato casual. Usando ambas manos, gírelo plano y plano y baje la caja sobre la bandeja. Adorne con una pizca de huevo duro y aceitunas y, si es necesario, algunas especias.

¡Disfrutar!

ensalada curtida

Ingredientes:

½ cabeza de repollo

1 zanahoria pelada y rallada

1 taza de frijoles

4 tazas de agua hirviendo

3 cebolletas finamente picadas

½ taza de vinagre de sidra de manzana blanco

½ taza de agua

1 chile jalapeño o serrano

½ cucharadita de sal

método

Coloque las verduras y los frijoles en una cacerola grande resistente al calor. Vierta el champán en la olla para cubrir las verduras y los frijoles, luego deje reposar durante unos 5 minutos. Colar en un colador, liberando la mayor cantidad de líquido posible. Regrese las verduras y los frijoles a la olla y mezcle con el resto de los ingredientes. Metemos en la nevera unas horas para que cuaje. Servir frío.

¡Disfrutar!

ensalada gado gado

Ingredientes

1 taza de judías verdes, cocidas

2 zanahorias, peladas y cortadas en rodajas

1 taza de judías verdes, cortadas en trozos de 2 pulgadas, al vapor

2 papas, peladas, hervidas y rebanadas

2 tazas de ensalada verde

1 Cortar el pepino pelado en aros

2-3 tomates cortados en aros

2-3 huevos duros, cortados en aros

10-12 Krupuk, galletas de gambas

salsa de maní

método

Mezclar todos los ingredientes excepto la ensalada y mezclar bien. La ensalada se sirve sobre una cama de lechuga.

¡Disfrutar!

Hobak Namulu

Ingredientes

3 Hobak o calabacines cortados en medias lunas

2-3 dientes de ajo picados

1 cucharadita. azúcar

sal

3 cucharas marinada de soja

2 cucharas Aceite de sésamo tostado

método

Hierve una olla de agua a fuego medio. Agregue el cocido y cocine por aproximadamente 1 minuto. Escurrir y lavar con agua fría. Escurrir de nuevo. Combine todos los ingredientes y mezcle bien. Sirva caliente con guarniciones y platos principales japoneses seleccionados.

¡Disfrutar!

Ensalada Horiatiki

Ingredientes

3-4 tomates, sin semillas y picados

1 pepino, pelado, sin corazón y picado

1 cebolla roja, en rodajas

½ taza de aceitunas Kalamata

½ taza de queso feta, picado o desmenuzado

½ taza de aceite de oliva

taza de vinagre de sidra de manzana

1-2 dientes de ajo picados

1 cucharadita. Orégano

Sazonar con sal y al gusto

método

Combine las verduras frescas, las aceitunas y los productos lácteos en un plato grande no reactivo. En otro recipiente, mezcle el aceite de oliva, el vinagre de sidra de manzana, los dientes de ajo, el orégano, sazone con sal y pimienta. Vierta el aderezo en un bol con verduras frescas y mezcle. Deje marinar durante media hora y sirva caliente.

¡Disfrutar!

Ensalada Waldorf De Pollo

Ingredientes:

Sal pimienta

4.6 a 8 onzas de pechugas de pollo deshuesadas y sin piel, de no más de 1 pulgada de ancho, pesadas, recortadas

½ taza de mayonesa

2 cucharas jugo de limon

1 cucharadita. mostaza de Dijon

½ cucharadita de semillas de hinojo molidas

2 tallos de apio, picados

1 chalote, finamente picado

1 Granny Smith pelado, sin corazón, cortado a la mitad y cortado en trozos de 1 pulgada

1/2 taza de nueces picadas

1 cuchara grande. Estragón fresco en rodajas

1 cucharadita. tomillo fresco en rodajas

método

Disolver 2 cucharadas. sal en 6 tazas de agua fría en una olla. Sumerja las aves en el agua. Calentar la olla sobre agua caliente a 170 grados centígrados. Apague el fuego y déjelo reposar durante 15 minutos. Regrese las aves a un plato forrado con toallas de papel. Refrigere hasta que las aves se hayan enfriado, aproximadamente media hora. Mientras el pollo se enfría, mezcle la mayonesa, el jugo de limón, la mostaza, el hinojo molido y ¼ de cucharadita. se levantan juntos en un plato grande. Seque las aves con esponjas y córtelas en trozos de media pulgada. Regrese las aves al tazón con la mezcla de mayonesa. Agregue avena, chalotes, jugo de manzana, nueces, estragón y tomillo; Mezclar. Sazone con presión y agregue sal al gusto. Atender.

¡Disfrutar!

Ensalada de lentejas con aceitunas y feta

Ingredientes:

1 taza de frijoles, pelados y enjuagados

Sal pimienta

6 tazas de agua

2 tazas de caldo de pollo bajo en sodio

5 dientes de ajo, ligeramente machacados y pelados

1 hoja de laurel

5 cucharas aceite de oliva virgen extra

3 cucharas vinagre de vino blanco

½ taza de aceitunas Kalamata en rodajas gruesas

½ taza fresca, finamente picada para obtener mejores resultados

1 chalote grande, finamente picado

una taza de queso feta desmenuzado

método

Remoje los frijoles en 4 tazas de agua caliente con 1 cucharadita. sal en ella. Escurrir bien. Mezcle los frijoles, el agua restante, el caldo, el ajo, la hoja de laurel y la sal en una cacerola y cocine hasta que los frijoles estén suaves. Escurrir y retirar el ajo y la hoja de laurel. Mezclar con los demás ingredientes en un bol y mezclar bien. Servir adornado con queso feta.

¡Disfrutar!

Ensalada tailandesa de ternera a la parrilla

Ingredientes:

1 cucharadita. pimienta

1 cucharadita. pimentón pimentón

1 cuchara grande. arroz blanco

3 cucharas jugo mineral de calcio, 2 limas

2 cucharas salsa de pescado

2 cucharas agua

½ cucharadita de azúcar

1. 1 ½ libras de harina para todo uso, cortada en gajos

Empuje sal y blanco, molido grueso

4 chalotes, en rodajas finas

1 ½ tazas excelente resultado fresco, desgarrado

1 ½ tazas de hojas de cilantro fresco

1 chile tailandés, sin tallo y en rodajas finas

1 pepino inglés sin semillas, en rodajas de 1/4 de pulgada de ancho y grueso

método

Asa las guarniciones a fuego alto hasta que estén cocidas. Ponga a un lado para descansar. Cortar en trozos del tamaño de un bocado. Mezclar todos los ingredientes en un bol y mezclar bien. Servir inmediatamente.

¡Disfrutar!

ensalada americana

Ingredientes

1 cabeza pequeña de repollo rojo, picada

1 zanahoria grande, rallada

1 manzana, sin corazón y picada

Al menos 50% de jugo de limón

25 uvas blancas sin semillas, cortadas en rodajas

1/2 taza de nueces picadas

3/4 taza de pasas, las pasas doradas se ven mejor pero prefiero las pasas regulares por el sabor

1/2 ajo, finamente picado

4 cucharas mayonesa

método

Coloque todos los ingredientes en un plato grande en el orden indicado.

Mezcle bien después de agregar jugo de limón a todos los ingredientes.

¡Disfrutar!

Ensalada picante de pera y queso azul

Ingredientes

1/3 taza de salsa de tomate

½ taza de vinagre blanco destilado

¾ taza de azúcar blanca

2 cucharaditas de sal

1 taza de aceite de canola

2 cabezas de lechuga, picadas

4 onzas de queso azul desmenuzado

2 peras, peladas, sin corazón y picadas

½ taza de nueces picadas tostadas

½ cebolla roja, finamente picada

método

En un tazón pequeño, mezcle bien el ketchup, el azúcar, el vinagre y la sal. Poco a poco agregue el aceite, revolviendo constantemente, hasta que esté bien combinado. En un tazón grande, mezcle la lechuga, el queso azul, las peras, las nueces y la cebolla roja. Vierta el aderezo sobre la ensalada y mezcle.

¡Disfrutar!

Ensalada italiana picante

Ingredientes:

½ taza de aceite de canola

1/3 taza de vinagre de estragón

1 cuchara grande. azucar blanca

1 pimiento rojo cortado en tiras

1 zanahoria rallada

1 cebolla roja finamente picada

una taza de aceitunas negras

¼ taza de aceitunas verdes sin hueso

½ taza de pepino en rodajas

2 cucharas queso romano rallado

Pimienta negra molida al gusto

método

En un tazón mediano, mezcle el aceite de canola, el azúcar, la mostaza seca, el tomillo y el ajo. En un tazón grande, combine la lechuga, el pimiento rojo, la zanahoria, la cebolla roja, los corazones de alcachofa, las aceitunas negras, las aceitunas verdes, el pepino y el queso romano. Ponlo en la nevera durante 4 horas o toda la noche. Sazone con pimienta y sal. Servir frío.

¡Disfrutar!

ensalada César

Ingredientes:

1 cabeza de lechuga

2 tazas de picatostes

Jugo de 1 limón

1 salsa guisante Worcestershire

6 dientes de ajo, picados

1 cuchara grande. mostaza de Dijon

½ taza de aceite de oliva

¼ taza de queso parmesano rallado

método

Triture los picatostes en un recipiente hondo. Déjalo a un lado. Mezcle la mostaza, el jugo de limón y la salsa Worcestershire en un tazón. Mezcle bien con una batidora, luego agregue lentamente el aceite de oliva hasta que se vuelva cremoso. Vierta el aderezo sobre la ensalada. Agregue los picatostes y el queso y mezcle bien. Servir inmediatamente.

¡Disfrutar!

Ensalada de prosciutto, pera y nueces caramelizadas

Ingredientes:

2 tazas de jugo de naranja

2 cucharas vinagre de vino tinto

2 cucharas cebolla roja picada

1 cuchara grande. azucar blanca

1 cuchara grande. vino blanco

1 taza de nueces partidas a la mitad

½ taza de azúcar blanca

un vaso de agua

¾ taza de aceite de oliva virgen extra

1 cuchara grande. Manteca

2 peras - pelar, quitar los huesos y cortar en rodajas

Jamón, cortado en tiras finas - 1/4 de libra

2 corazones romanos, lavados y desgarrados

método

En una cacerola mediana, primero caliente el jugo de naranja a fuego medio-alto, revolviendo con frecuencia, hasta que se reduzca a 1/4. Colocar en una licuadora junto con vinagre, cebolla, azúcar, vino, sal y pimienta. Derrita la mantequilla en una sartén antiadherente a fuego medio mientras revuelve a baja velocidad, retire la tapa y rocíe el aceite de oliva para emulsionar la salsa. Agregue azúcar y agua y cocine, revolviendo constantemente. Freír las peras y las nueces en mantequilla durante 3 minutos. Retire del fuego y deje enfriar. Agregar vinagreta. Ahora sírvelo en un plato italiano grande.

¡Disfrutar!

Ensalada romana de mandarina con aderezo de semillas de amapola

Ingredientes:

6 rebanadas de tocino

1/3 taza de vinagre de sidra de manzana

una taza de azúcar blanca

½ taza de cebolla roja picada gruesa

½ cucharadita de polvo de mostaza seca

cucharilla. sal

1/2 taza de aceite vegetal 1 cdta. Semilla de amapola

10 tazas de hojas de lechuga romana rotas

10 oz de rodajas de mandarina escurridas

¼ taza de almendras rebanadas tostadas

método

Freír el tocino en una sartén. Escurrir, triturar y reservar. Coloque el vinagre, el azúcar, la cebolla roja, la mostaza en polvo y la sal en una licuadora. Reduzca la velocidad de la licuadora a media-baja. Agregue las semillas de amapola y revuelva hasta que la salsa se vuelva cremosa. Mezcle la ensalada con tocino desmenuzado y mandarinas en un tazón grande. Verter sobre la salsa y servir inmediatamente.

¡Disfrutar!

Ensalada casera de restaurante

Ingredientes:

Cambiar las dosis

1 cabeza grande de lechuga - lavar, secar y cortar

Tarro de 4 oz de pimientos picantes cortados en cubitos, escurridos

2/3 taza de aceite de oliva virgen extra

1/3 taza de vinagre de vino tinto

1 cucharadita. sal

1 cubito de hielo - lavado, secado y picado

14 onzas de corazones de alcachofa, escurridos y cortados en cuartos

1 taza de cebolla roja picada

cucharilla. Pimienta negro

2/3 taza de queso - parmesano rallado

método

Combine todos los ingredientes en un tazón y mezcle bien. Servir inmediatamente.

¡Disfrutar!

Ensalada de espinaca

Ingredientes:

Cambiar las dosis

½ taza de azúcar blanca

1 taza de aceite vegetal

2 cucharas salsa inglesa

1/3 taza de salsa de tomate

½ taza de vinagre blanco

1 cebolla pequeña, picada

450 g de espinacas - lavar, secar y cortar en trozos pequeños

4 onzas de castañas de agua escurridas en rodajas

5 rebanadas de tocino

método

Combine todos los ingredientes en un tazón y mezcle bien. Servir inmediatamente.

¡Disfrutar!

Ensalada de espinacas Super Seven

Ingredientes:

Paquete de 6 oz de hojas de espinaca baby

1/3 taza de queso cheddar cortado en cubitos

1 manzana Fuji, pelada, sin corazón y cortada en cubitos

1/3 taza de cebolla morada finamente picada

¼ taza de arándanos secos endulzados

1/3 taza de almendras fileteadas blanqueadas

3 cucharas Aderezo para ensalada de semillas de amapola

método

Combine todos los ingredientes en un tazón y mezcle bien. Servir inmediatamente.

¡Disfrutar!

buena ensalada

Ingredientes:

8 tazas de hojas tiernas de espinaca

Lata de 11 oz de mandarinas exprimidas

½ cebolla roja mediana, rebanada por separado

1 taza de queso feta desmenuzado

1 taza de aderezo balsámico para ensaladas con vinagreta

1 ½ tazas de arándanos secos endulzados

1 taza de almendras tostadas con miel rebanadas

método

Combine todos los ingredientes en un tazón y mezcle bien. Servir inmediatamente.

¡Disfrutar!

Ensalada de espinacas y cebada

Ingredientes:

Paquete de 16 oz de pasta de cebada cruda

Un paquete de 10 onzas de hojas de espinaca baby picadas

½ libra de queso feta desmenuzado

½ cebolla roja finamente picada

una taza de piñones

½ cucharadita de albahaca seca

cucharilla. pimienta blanca molida

½ taza de aceite de oliva

½ taza de vinagre balsámico

método

Hierva una olla grande de agua ligeramente salada. Transfiera a un tazón grande y agregue las espinacas, el queso feta, la cebolla, los piñones, la albahaca y la pimienta blanca. Agregue la cebada y cocine durante 8-10 minutos, cuele y enjuague con agua fría. Rocíe con aceite de oliva y vinagre balsámico. Enfriar y servir frío.

¡Disfrutar!

Ensalada de fresas, kiwi y espinacas

Ingredientes:

2 cucharas vinagre de frambuesa

2 cucharadas y media de mermelada de frambuesa

1/3 taza de aceite vegetal

8 tazas de espinacas, lavadas y cortadas en trozos pequeños

½ taza de nueces picadas

8 fresas en cuartos

2 kiwis pelados y en rodajas

método

Combine todos los ingredientes en un tazón y mezcle bien. Servir inmediatamente.

¡Disfrutar!

Ensalada de espinacas y granada

Ingredientes:

1 bolsa de 10 onzas de hojas de espinaca baby, lavadas y escurridas

1/4 cebolla roja, en rodajas muy finas

1/2 taza de nueces picadas

1/2 taza de queso feta desmenuzado

1/4 taza de brotes de alfalfa, opcional

1 granada, pelada y sin semillas

4 cucharas vinagre balsámico

método

Coloca las espinacas en una ensaladera. Adorne con cebolla roja, nueces, queso feta y brotes. Espolvorea las semillas de granada por encima y sazona con vinagreta.

¡Disfrutar!

Ensalada de espinacas con salsa de jalea de pimienta

Ingredientes:

3 cucharas Deliciosa gelatina de pimienta

2 cucharas Aceite de oliva

1/8 cucharadita de sal

2 tazas de hojas tiernas de espinaca

2 onzas de queso de cabra en rodajas

1/8 de cucharadita de mostaza Dijon

método

Combine todos los ingredientes en un tazón y mezcle bien. Servir inmediatamente.

¡Disfrutar!

Ensalada súper sencilla de espinacas y pimiento rojo

Ingredientes:

una taza de aceite de oliva

Paquete de 6 oz de espinacas tiernas

½ taza de queso - parmesano rallado

una taza de vinagre de arroz

1 pimiento rojo picado

método

Combine todos los ingredientes en un tazón y mezcle bien. Servir inmediatamente.

¡Disfrutar!

Ensalada de espinacas, sandía y menta

Ingredientes:

1 cuchara grande. Semilla de amapola

¼ taza de azúcar blanca 10 oz Bolsa de hojas de espinaca tierna

1 taza de vinagre de sidra de manzana

taza de salsa Worcestershire

½ taza de aceite vegetal

1 cuchara grande. sésamo

2 tazas de sandía picada con semillas

1 taza de hojas de menta finamente picadas

1 cebolla roja pequeña, en rodajas finas

1 taza de pecanas tostadas picadas

método

Combine todos los ingredientes en un tazón y mezcle bien. Servir inmediatamente.

¡Disfrutar!

Deliciosa ensalada de granada

Ingredientes:

Lata de 10 oz de mandarinas escurridas

10 onzas de hojas de espinaca baby

10 onzas de hojas de rúcula

1 granada, pelada y sin semillas

½ cebolla roja, finamente rebanada

método

Combine todos los ingredientes en un tazón y mezcle bien. Servir inmediatamente.

¡Disfrutar!

Ensalada crujiente de manzana y almendras

Ingredientes:

Paquete de ensalada mixta de 10 oz

½ taza de almendras rebanadas

½ taza de queso feta desmenuzado

1 taza de pastel de manzana sin semillas picado

¼ de taza de cebolla morada rebanada

una taza de pasas doradas

1 taza de aderezo para ensalada de vinagreta de frambuesa

método

Combine todos los ingredientes en un tazón y mezcle bien. Servir inmediatamente.

¡Disfrutar!

Disfruta con mandarinas, gorgonzola y almendras

Ingredientes:

½ taza de almendras en rodajas tostadas en seco y blanqueadas

1 taza de gorgonzola

2 cucharas vinagre de vino tinto

11 onzas de mandarinas, jugo reservado

2 cucharas Aceite vegetal

12 onzas de ensalada mixta

método

Combine todos los ingredientes en un tazón y mezcle bien. Servir inmediatamente.

¡Disfrutar!

Lechuga romana y naranjas al vapor

Ingredientes:

½ taza de jugo de naranja

1 cabeza grande de lechuga - cortada, lavada y seca

3 cajas de mandarinas

½ taza de almendras rebanadas

3 cucharas Aceite de oliva

2 cucharas vinagre de vino tinto

½ cucharadita de pimienta negra molida

cucharilla. sal

método

Combine todos los ingredientes en un tazón y mezcle bien. Servir inmediatamente.

¡Disfrutar!

ensalada adictiva

Ingredientes:

1 taza de mayonesa

½ taza de requesón rallado

½ taza de zanahorias ralladas

¼ taza de queso fresco - parmesano rallado

2 cucharas azucar blanca

Paquete de 10 oz Mezcla de ensalada de primavera

½ taza de floretes pequeños de coliflor Mali

½ taza de trocitos de tocino

método

En un tazón pequeño, mezcle 1/4 taza de queso parmesano, azúcar y mayonesa hasta que estén bien mezclados. Cubra y refrigere durante la noche. Combine la lechuga, el tocino, 1/2 taza de zanahorias, el queso parmesano y la coliflor en un tazón grande. Mezclar con especias frías justo antes de servir.

¡Disfrutar!

Ensalada de col rizada con granada, pipas de girasol y almendras laminadas

Ingredientes:

½ kilo de repollo

1 ½ tazas de semillas de granada

5 cucharas Vinagre balsámico

3 cucharas aceite de oliva virgen extra

2 cucharas Semillas de girasol

1/3 taza de almendras rebanadas

5 cucharas Vinagre de arroz con sabor a chile

Agregar sal al gusto

método

Lave y sacuda el exceso de agua del repollo. Picar las hojas hasta que estén tiernas pero todavía algo frondosas. Mezcle las almendras en rodajas, el repollo rallado, la granada y las semillas de girasol en un tazón grande; tirar combinar. Retire las costillas centrales y los tallos. Rocíe la mezcla de aceite de oliva, vinagre de arroz y vinagre balsámico sobre la mezcla de repollo y revuelva. Sazone con sal antes de servir.

¡Disfrutar!

Ensalada feta de granada con vinagreta de limón dijon

Ingredientes:

Paquete de vegetales mixtos de 10 oz para niños

Paquete de 8 oz de queso feta desmenuzado

1 limón rallado y exprimido

1 cucharadita. mostaza de Dijon

1 granada, pelada y sin semillas

3 cucharas vinagre de vino tinto

3 cucharas Aceite de oliva virgen extra

Añadir sal y pimienta al gusto

método

Coloque la ensalada, el queso feta y las semillas de granada en un tazón grande. Luego, en un tazón grande separado, mezcle el jugo y la ralladura de limón, el vinagre, la mostaza, la sal, el aceite de oliva y la pimienta. Vierta la mezcla sobre la ensalada y cubra. Tienes que cavar ahora mismo.

¡Disfrutar!

Ensalada de rúcula, hinojo y naranja

Ingredientes:

½ cucharadita de pimienta negra molida

una taza de aceite de oliva

1 manojo de cohetes

1 cuchara grande. Miel

1 cuchara grande. Jugo de limon

½ cucharadita de sal

2 naranjas peladas y picadas

1 cebolla de hinojo cortada en rodajas finas

2 cucharas Aceitunas negras en rodajas

método

Mezcle todos los ingredientes en un tazón grande y mezcle bien. Servir inmediatamente. ¡Disfrutar!

Ensalada de espinacas con aguacate y sandía

Ingredientes:

2 aguacates grandes, pelados, sin hueso y cortados en cubitos

4 tazas de sandía cortada en cubitos

4 tazas de hojas de espinaca

1 taza de aderezo balsámico para ensaladas con vinagreta

método

Mezcle todos los ingredientes en un tazón grande y mezcle bien. Servir frío.

¡Disfrutar!

Ensalada de aguacate, kale y quinoa

Ingredientes

2/3 taza de quinua

1 manojo de col rizada, cortada en trozos pequeños

½ aguacate, pelado y cortado en cubitos

1/3 taza de pimiento rojo picado

½ taza de pepino, cortado en cubitos

2 cucharas Cebolla roja finamente picada

1 1/3 tazas de agua

1 cuchara grande. queso feta desmenuzado

para vestirse

¼ taza de aceite de oliva 2 cdas. Jugo de limon

1 ½ cucharadas de mostaza Dijon

cucharilla. sal marina

cucharilla. Pimienta negra, recién molida

método

Agregue la quinua y el agua a la olla. Deja que hierva. Reduzca el fuego y cocine durante 15-20 minutos. Mantenlo a un lado. Cocine al vapor el repollo durante 45 segundos. Mezclar todos los ingredientes para el aderezo en un bol. Mezcle la col rizada, la quinoa, el aguacate y otros ingredientes, luego vierta el aderezo para ensaladas.

¡Disfrutar!

Ensalada de calabacín con aderezo especial

Ingredientes

6 calabacines pequeños en rodajas finas

½ taza de pimiento verde picado

½ taza de cebolla, picada

½ taza de apio, cortado en cubitos

1 bote de pimientos, escurridos y cortados en cubitos

2/3 taza de vinagre

3 cucharas vinagre de vino blanco

1/3 taza de aceite vegetal

½ taza de azúcar

½ cucharadita de pimienta

½ cucharadita de sal

método

Combine todas las verduras en un tazón mediano y reserve. Mezcla los demás ingredientes en un recipiente hermético. Agite la mezcla enérgicamente y viértala sobre las verduras. Mezcle cuidadosamente las verduras. Cubra y refrigere durante la noche o al menos 8 horas. Servir frío.

¡Disfrutar!

Ensalada de verduras y tocino

Ingredientes

3 tazas de brócoli picado

3 tazas de coliflor picada

3 tazas de apio picado

6 rebanadas de tocino

1 1/2 tazas de mayonesa

una taza de queso parmesano

1 paquete de guisantes congelados, descongelados

1 taza de arándanos secos endulzados

1 taza de maní español

2 cucharas Cebolla rayada

1 cuchara grande. vinagre de vino blanco

1 cucharadita. sal

¼ taza de azúcar blanca

método

Freír el tocino en una sartén grande y profunda hasta que esté dorado. Colocar en un plato y desmenuzar. En un tazón grande, mezcle el brócoli, la coliflor, los guisantes, los arándanos y el apio. En otro recipiente, mezcle el queso, la mayonesa, la cebolla, el azúcar, el vinagre y la sal. Vierta la mezcla sobre las verduras. Añadir las nueces y la panceta y sofreír bien. Servir inmediatamente o frío.

¡Disfrutar!

Ensalada de pepino crujiente

Ingredientes

2 cuartos pequeños de pepino, en rodajas con piel

2 cebollas rojas cortadas en rodajas finas

1 taza de vinagre

1 ¼ tazas de azúcar

1 cuchara grande. sal

método

Mezclar la cebolla, el pepino y la sal en un bol y dejar en remojo durante 3 horas. Tome una olla y agregue vinagre y deje que se caliente. Agregue el azúcar y revuelva constantemente hasta que el azúcar se disuelva. Retire el pepino de la mezcla de remojo y drene el exceso de líquido. Agregue el pepino a la mezcla de vinagre y mezcle. Coloca la mezcla en bolsas para congelar o recipientes de plástico. Congelarlo. Dejar enfriar y servir frío.

¡Disfrutar!

Ensalada colorida de vegetales y queso

Ingredientes

1/3 taza de pimientos morrones rojos o verdes, cortados en cubitos

1 taza de apio, cortado en cubitos

1 paquete de guisantes congelados

3 pepinillos dulces, picados

6 Ensalada

2/3 taza de mayonesa taza de queso cheddar, cortado en cubitos

Pimienta, recién molida

Agregar sal al gusto

método

Consigamos un cuenco grande. Mezclar mayonesa, pimienta y sal. Agregue pimientos rojos o verdes, pepinillos, apio y guisantes a la mezcla. Mezcla todos los ingredientes bien. Agrega el queso a la mezcla. Refrigera por 1 hora. Coloque las hojas de lechuga en un plato de ensalada y coloque la mezcla encima de las hojas.

¡Disfrutar!

Ensalada de pepino cremosa

Ingredientes

9 tazas de pepinos, pelados y en rodajas finas,

8 cabezas de cebolla tierna, finamente picadas

cucharilla. sal de cebolla

cucharilla. sal de ajo picante

½ taza de yogur

½ taza de mayonesa baja en grasa

cucharilla. Pimienta

2 gotas de salsa de chile

¼ taza de leche al vapor

¼ taza de vinagre de sidra de manzana

una taza de azúcar

método

Consigamos un cuenco grande. Poner el pepino, la cebolla tierna, la sal de cebolla, la sal de ajo y el yogur en un bol y mezclar bien. Mezclar la mayonesa, la pimienta, la salsa de pimienta, la leche, el vinagre y el azúcar y hacer una mezcla homogénea. Extienda el aderezo sobre la mezcla de pepino. Mezclar bien para cubrir todas las verduras con el aderezo. Enfríe la ensalada durante 4 horas en el refrigerador. Servir frío.

¡Disfrutar!

Ensalada de tocino y brócoli

Ingredientes

1 cabeza de brócoli cortado en trozos pequeños

10 rebanadas de tocino

¼ taza de cebolla roja, picada

½ taza de pasas

3 cucharas vinagre de vino blanco

1 taza de mayonesa

1 taza de semillas de girasol

2 cucharas azucar blanca

método

Toma una sartén grande. Fríe el tocino hasta que esté uniformemente dorado. Triturar y reservar. Ponga el brócoli, las pasas y la cebolla en un tazón y revuelva la mezcla. Tome un tazón pequeño y mezcle la mayonesa, el vinagre y el azúcar hasta que quede espumoso. Agregue a la mezcla de brócoli y revuelva. Refrigera por dos horas. Agregue tocino y semillas de girasol antes de servir.

¡Disfrutar!

Ensalada de verduras y pan de maíz

Ingredientes

1 taza de pan de maíz, desmenuzado grueso

1 lata de maíz entero, escurrido

½ taza de cebolla picada

½ taza de pepino picado

½ taza de brócoli, picado

½ taza de pimiento verde y pimiento rojo dulce finamente picados

½ taza de tomates sin hueso, picados

½ taza de pimienta

Aderezo ranchero para ensaladas

Añadir sal y pimienta al gusto

Hojas de ensalada

método

Consigamos un cuenco grande. Agregue el pan de maíz y las verduras. Deseche la mezcla. Vierta el aderezo para ensaladas sobre la mezcla. Añadir sal y pimienta al gusto. reiniciarlo Cubra la mezcla y refrigere por al menos 4 horas. Colocar la ensalada sobre las hojas de lechuga y servir.

¡Disfrutar!

Ensalada de frijoles y vegetales

Ingredientes

2 latas de maíz entero, escurrido

1 lata de frijoles negros, enjuagados y escurridos

8 cabezas de cebolla tierna, finamente picadas

2 chiles jalapeños, sin semillas y picados

1 pimiento verde, en rodajas finas

1 aguacate, pelado y cortado en cubitos

1 bote de pimentón plus

3 tomates, en rodajas

1/2 taza de aderezo italiano para ensaladas

1/2 cucharadita de sal de ajo sazonada

1 taza de cilantro picado

1 lima, exprimida

método

Combine los frijoles negros y el maíz en un tazón grande. Agregue las cebolletas, los pimientos, los jalapeños, la pimienta de Jamaica, el aguacate y los tomates y revuelva para combinar. Agregue cilantro, jugo de limón y aderezo italiano a la mezcla. Agregue sal de ajo para sazonar. Tíralo recto. Servir frío.

¡Disfrutar!

Ensalada de maíz y aceitunas

Ingredientes

1 paquete de maíz congelado

3 huevos duros

½ taza de mayonesa

1/3 taza de aceitunas rellenas de pimiento

2 cucharas Cebollino finamente picado

½ cucharadita de chile en polvo

cucharilla. Comino molido

1/8 cucharadita de sal

método

Combine el maíz, el huevo rebanado y las aceitunas en un tazón grande. En un tazón mediano, mezcle la mayonesa y los demás ingredientes para sazonar. Agregue la mayonesa a la mezcla de maíz. Mezcle bien para cubrir todas las verduras y el maíz en la mayonesa. Cubre el tazón. Refrigera por 2 horas. Servir frío.

¡Disfrutar!

Ensalada de maíz

Ingredientes

6 Maíz limpio, lavado y escurrido

3 tomates grandes

1 cebolla roja cortada en rodajas finas

una taza de albahaca picada

2 cucharas vinagre blanco

una taza de aceite de oliva

Añadir sal y pimienta al gusto

método

Hervir las semillas en agua hirviendo, colar y dejar enfriar. Cortar las semillas de la mazorca. Tomemos una ensaladera grande. Mezclar el maíz, la albahaca, la cebolla, el tomate, el vinagre, la sal, la pimienta y el aceite. Tíralo recto. Servir frío.

¡Disfrutar!

Ensalada húngara fresca

Ingredientes

1 paquete de vegetales mixtos congelados, descongelados

1 taza de coliflor

1/2 taza de cebollines rebanados

1/2 taza de aceitunas rellenas de pimientos en rodajas

1/4 taza de aceite de canola

3 cucharas vinagre blanco

1/4 cucharadita de pimienta

1 cucharadita. sal de ajo picante

método

Combine las verduras congeladas, la coliflor, la cebolla y las aceitunas en un tazón grande. Mezcla el aceite, el ajo, la sal, el vinagre y la pimienta en una licuadora. Vierta el aderezo para ensaladas sobre la mezcla de vegetales. Tíralo recto. Refrigere por 2 horas antes de servir. Servir en un plato bonito.

¡Disfrutar!

Una combinación perfecta de tomates, pepinos y cebollas.

Ingredientes

2 pepinos grandes, cortados a la mitad y sin corazón

1/3 taza de vinagre de vino tinto

1 cuchara grande. azucar blanca

1 cucharadita. sal

3 tomates grandes, picados

2/3 taza de cebolla roja picada gruesa

método

Mezclar todos los ingredientes y refrigerar durante la noche. Servir frío.

¡Disfrutar!

Ensalada clásica de pepino

Ingredientes

2 pepinos grandes, pelados y en rodajas

1 cebolla dulce grande, en rodajas

2 cucharaditas de sal

¼ taza de zanahorias picadas

1/3 taza de vinagre

1 cucharadita. Jengibre molido

5 cucharaditas de azúcar blanca

cucharilla. pimienta negra gruesa

método

Mezcle todos los ingredientes y deje marinar el pepino durante la noche en el refrigerador. Servir frío.

¡Disfrutar!

Ensalada de tomate con cerezas

Ingredientes

4 tazas de tomates cherry partidos por la mitad

¼ taza de aceite vegetal

3 cucharas vinagre de manzana

1 cucharadita. seco

1 cucharadita. albahaca seca

1 cucharadita. Orégano seco

½ cucharadita de sal

1 cucharadita. azucar blanca

método

Mezclar todos los ingredientes en un bol y reservar para que los tomates se ablanden un poco. Mezclar bien y servir de inmediato.

¡Disfrutar!

Ensalada de espárragos

Ingredientes

1 ½ libras de espárragos, pelados y cortados en trozos de 2 pulgadas

1 cuchara grande. Vinagre de arroz

1 cucharadita. vinagre de vino tinto

1 cucharadita. Salsa de soja

1 cucharadita. azucar blanca

1 cucharadita. mostaza de Dijon

2 cucharas Aceite de cacahuete

1 cuchara grande. aceite de sésamo

1 cuchara grande. sésamo

método

Coloque el vinagre de arroz, la salsa de soja, el vinagre de vino tinto, el azúcar y la mostaza en un recipiente tapado y mezcle bien. Agregue el aceite de maní y el aceite de sésamo lentamente, revolviendo continuamente hasta que quede suave. Mantenlo a un lado. Cuece los espárragos en agua hirviendo y escúrrelos. Coloque los espárragos en un tazón grande. Rocíelos con aderezo para ensaladas. Espolvorear con semillas de sésamo y mezclar. Servir inmediatamente.

¡Disfrutar!

Pasta y frijoles negros en ensaladas

Ingredientes

6 onzas de pasta conchiglia pequeña cocida y escurrida

1 bote de guisantes lavados y escurridos

1 taza de cebolla tierna picada

¾ taza de pepino pelado y cortado en cubitos

¾ taza de tomates cortados en cubitos

¾ taza de pimientos verdes en rodajas

1 chile jalapeño pequeño, finamente picado

Para la cobertura:

3 cucharas aceite de colza

¼ taza de vinagre de vino tinto

1 cucharadita. Albahaca seca

1 cucharadita. Salsa de chile

1 cucharadita. Chile en polvo

1 cucharadita. azúcar

½ cucharadita Sal al gusto

método

Mezcle la pasta, los guisantes, la cebolla verde, el pepino, el tomate, el pimiento verde y el jalapeño en un tazón. Mezclar las especias y agregar sal. Vierta el aderezo sobre la mezcla de verduras. Tíralo recto. Servir frío.

¡Disfrutar!

Ensalada de espinacas y remolacha

Ingredientes

½ libra de espinacas baby, lavadas y secas

1 taza de nueces picadas gruesas

2 cucharadas y media de azúcar blanca

1/3 de remolacha en vinagre

¼ taza de vinagre de sidra de manzana

½ cucharadita de ajo en polvo

1 cucharadita. gránulos de sopa de pollo

4 onzas de queso de cabra, desmenuzado

½ cucharadita de pimienta negra

½ cucharadita de sal

¼ taza de aceite vegetal

método

Caramelizar las nueces en una olla calentándolas a fuego alto con un poco de azúcar. En un procesador de alimentos, mezcle las remolachas con vinagre de sidra de manzana, ajo en polvo, granos de sopa, sal, el resto del azúcar y pimienta. Agregue el aceite y mezcle nuevamente hasta que quede suave. Mezclar las nueces y las espinacas confitadas y espolvorear con el aderezo. Espolvorear con queso y servir inmediatamente.

¡Disfrutar!

Ensalada de patata con vinagre balsámico

Ingredientes

10 papas rojas hervidas y cortadas en cubitos

1 cebolla roja cortada en rodajas finas

1 caja de corazones de alcachofas en cuartos

½ taza de pimiento rojo, asado y cortado en cubitos

1 caja de aceitunas negras

½ taza de vinagre balsámico

1 cucharadita. Orégano seco

1 cucharadita. Albahaca seca

½ cucharadita de mostaza en polvo

3 cucharaditas de aceite de oliva

2 cucharas Perejil fresco

método

Combine todos los ingredientes en un tazón y mezcle bien para cubrir todos los ingredientes con el vinagre. Refrigere durante 2-4 horas. Servir frío.

¡Disfrutar!

Ensalada de tomate marinado

Ingredientes

3 tomates

2 cucharas Cebolla picada

1 cuchara grande. Albahaca fresca

1 cuchara grande. Perejil fresco

½ diente de ajo

1/3 taza de aceite de oliva

1/4 taza de vinagre de vino tinto

1/4 cucharadita de pimienta

Agregar sal al gusto

método

Toma un buen plato grande y pon los tomates en él. Tome un frasco tapado y agregue vinagre picado, aceite, albahaca, perejil, ajo y pimienta y agite enérgicamente para mezclar todo bien. Sazone la mezcla con una pizca de sal o al gusto. Vierta la mezcla sobre los tomates. Tápelo bien y póngalo en el refrigerador durante la noche o durante al menos 4 horas. Servir frío.

¡Disfrutar!

Deliciosa ensalada de brócoli

Ingredientes

1 ½ kilos de brócoli fresco cortado en floretes

3 dientes de ajo

2 cucharas Jugo de limon

2 cucharas Vinagre de arroz

½ cucharadita de mostaza Dijon

Hojuelas de chile al gusto

1/3 taza de aceite de oliva

Sal y pimienta negra recién molida al gusto

método

Agregue un poco de agua a la sartén y agregue un poco de sal. Llevar a ebullición y agregar las flores. Hervir durante unos 5 minutos y colar. En un tazón pequeño, agregue el ajo, el vinagre, el jugo de limón, la mostaza, el aceite y el chile y mezcle vigorosamente. Agregue sal y pimienta. Vierta sobre el brócoli y mezcle bien. Déjalo a temperatura ambiente durante 10 minutos, luego métalo en la nevera durante 1 hora. Servir frío.

¡Disfrutar!

Ensalada italiana de maíz con aderezo italiano

Ingredientes

1 lata de maíz entero

1 taza de tomates frescos, picados

1 taza de pepino, pelado y picado

½ taza de apio picado

½ taza de pimientos morrones verdes o rojos dulces

2 cebollas verdes

½ taza de aderezo italiano para ensaladas

método

Poner el maíz en un bol y agregar las verduras una a una. Tíralo recto. Vierta el aderezo italiano para ensaladas en el frasco y mezcle nuevamente. Cubra y refrigere por unas horas. Servir frío.

¡Disfrutar!

Ensalada de espárragos y pimientos

Ingredientes

1 ½ Con espárragos frescos, quitar las puntas y cortar en trozos pequeños

2 pimientos amarillos, sin semillas y cortados en rodajas

¼ taza de almendras rebanadas, tostadas

1 cabeza de cebolla roja

3 cucharas Mostaza Dijon ¼ taza de aceite de oliva ½ taza de queso parmesano 3 dientes de ajo picados

2 cucharaditas Jugo de limón 2 cucharaditas Azúcar 1 cucharadita. salsa picante Mezcle aderezos para ensaladas al gusto

método

Tome una sartén y coloque los espárragos y los pimientos en una sola capa. Rocíe las verduras con aceite de oliva. Ponga el horno a 400 F o 200 C y precaliente el horno. Coloque el plato y hornee durante 8-10 minutos. Voltee las verduras de vez en cuando. Enfríe y transfiera las verduras a un tazón grande. Agregue el queso, la cebolla y las almendras tostadas. Agregue el aceite de oliva restante, la mostaza en polvo, el azúcar, la salsa picante, el jugo de lima y el aderezo para ensaladas. Espolvorear sobre las verduras y mezclar. Servir inmediatamente.

¡Disfrutar!

Ensalada de tomate y albahaca

Ingredientes

3 tazas de arroz cocido

1 pepino limpio de semillas y cortado en cubos

1 cabeza de cebolla roja

2 tomates

2 cucharas Aceite de oliva

2 cucharas vinagre de manzana

1 cucharadita. Albahaca fresca

cucharilla. Pimienta

½ cucharadita de sal

método

Tome un tazón grande, agregue el arroz, el pepino, la cebolla y el tomate y mezcle. En un recipiente tapado, combine el aceite de oliva, el vinagre de sidra de manzana y la albahaca y mezcle vigorosamente. Sal y pimienta para probar. Espolvorear sobre la mezcla de arroz y mezclar bien. Dejar reposar en la nevera unas horas antes de servir.

¡Disfrutar!

Ensalada colorida de la huerta

Ingredientes

5 cucharas vinagre de vino tinto

3 cucharas Aceite de semilla de uva

1/3 taza de cilantro fresco picado

2 limas

1 cucharadita. Azúcar blanca 2 dientes Ajo picado

1 paquete de soja verde sin cáscara congelada

1 lata de frijoles negros

3 tazas de granos de maíz congelados

1 litro de tomates cherry se divide en cuartos

4 cebolletas finamente picadas

cucharilla. sal

método

Batir el vinagre, el aceite, el jugo de lima, el cilantro, el ajo, el azúcar y la sal en un recipiente tapado o grande. Mantenlo a un lado. Hervir la soja hasta que esté blanda. Hervir el maíz por 1 minuto. Escurra la soja y el maíz del agua y transfiéralo a un tazón grande. Agrega el aderezo. Deséchelo con cuidado. Agregue los tomates y las cebollas y mezcle. Cubre la mezcla. Coloque en el refrigerador durante 2-4 horas. Servir frío.

¡Disfrutar!

ensalada de champiñones

Ingredientes

1 kilo de champiñones frescos

1 cebolla finamente picada y cortada en aros

Pimiento rojo dulce, cortado en cubos, un puñado

2/3 taza de vinagre de estragón

½ taza de aceite de canola

1 cuchara grande. azúcar

1 diente de ajo picado

Una pizca de salsa de chile

1 ½ cucharaditas de sal

2 cucharas agua

método

Agregue todas las verduras y otros ingredientes a un tazón grande, excepto el pimiento rojo, los champiñones y la cebolla. Mézclalos bien. Agregue los champiñones y las cebollas a la mezcla y revuelva suavemente hasta que todos los ingredientes estén bien combinados. Cubra el recipiente y refrigere durante la noche o durante 8 horas. Antes de servir, espolvorea la ensalada con pimiento rojo.

¡Disfrutar!

Ensalada de quinoa, menta y tomate

Ingredientes

1 ¼ taza de quinua 1/3 taza de pasas 2 tomates 1 cebolla picada

10 rábanos ½ pepino, 1/2, cortado en cubitos

2 cucharas Almendras laminadas ligeramente tostadas

una taza de menta recién cortada

2 cucharas Perejil fresco finamente picado

1 cucharadita. Una taza de comino molido Jugo de lima 2 cdas. Aceite de sésamo 2 ½ tazas de agua Sal al gusto

método

Tome un recipiente y agregue agua y una pizca de sal. Llevar a ebullición y agregar la quinoa y las pasas. Tape y cocine a fuego lento durante 12-15 minutos. Retirar del fuego y dejar enfriar. Escurra la quinua y transfiérala a un bol. En un tazón mediano, combine la cebolla, el rábano, el pepino, las almendras y los tomates. Deséchelo con cuidado. Agrega la quinua. Sazonar con especias, aceite y hierbas aromáticas. Sal al gusto. Refrigera por 2 horas. Servir frío.

¡Disfrutar!

receta de ensalada de chucrut

Ingredientes

1 bote de chucrut Lavar y escurrir bien

1 taza de zanahoria rallada

1 taza de pimiento verde finamente picado

1 bote de pimientos picados y escurridos

1 taza de apio finamente picado

1 taza de cebolla picada

una taza de azúcar

½ taza de aceite de canola

método

Mezcle todos los ingredientes en un tazón grande y mezcle bien. Cubra el recipiente con una tapa y refrigere durante la noche o durante 8 horas. Servir frío.

¡Disfrutar!

Ensalada rápida de pepino

Ingredientes

4 tomates, cortados en 8 rebanadas

2 pepinos grandes, pelados y en rodajas finas

¼ taza de cilantro fresco picado

1 cebolla roja grande, finamente picada

1 lima fresca, exprimida

Agregar sal al gusto

método

Coloque el pepino en rodajas, el tomate, la cebolla roja y el cilantro en un tazón grande y mezcle bien. Agregue el jugo de lima a la mezcla y revuelva suavemente para cubrir todas las verduras con el jugo de lima. Agregue sal a la mezcla. Servir inmediatamente o después de enfriar.

¡Disfrutar!

Rodajas de tomate con salsa de nata

Ingredientes

1 taza de mayonesa

½ taza de crema mitad y mitad

6 tomates, cortados en rodajas

1 cebolla roja, finamente cortada en aros

cucharilla. Albahaca seca

Unas hojas de lechuga

método

Mezclar la mayonesa y la mitad y mitad de la nata y batir bien. Agregue la mitad de la albahaca. Cubra la mezcla y refrigere. Toma un plato y cúbrelo con hojas de lechuga. Disponer las rodajas de tomate y los aros de cebolla. Rocíe el aderezo frío sobre la ensalada. Luego espolvorea el resto de la albahaca encima. Servir inmediatamente.

¡Disfrutar!

plato de ensalada de remolacha

Ingredientes

4 manojos de remolachas frescas, limpias de tallos

2 cabezas de escarola belga

2 cucharas Aceite de oliva

1 libra de ensalada primavera mixta

1 cuchara grande. Jugo de limon

2 cucharas vinagre de vino blanco

1 cuchara grande. Miel

2 cucharas mostaza de Dijon

1 cucharadita. tomillo seco

½ taza de aceite vegetal

1 taza de queso feta desmenuzado

Añadir sal y pimienta al gusto

método

Cubra ligeramente las remolachas con aceite vegetal. Hornee durante unos 45 minutos en un horno precalentado a 450 F o 230 C. Pelar y trocear las remolachas. Combine el jugo de limón, la mostaza, la miel, el vinagre y el tomillo en una licuadora y mezcle. Poco a poco agregue el aceite de oliva mientras la licuadora está funcionando. Sal y pimienta para probar. Ponga la ensalada y el aderezo en una ensaladera y mezcle bien. Disponer la escarola en un plato. Apila la ensalada verde. Adorne con cubos de remolacha y queso feta.

¡Disfrutar!

Ensalada de pollo y espinacas

Ingredientes

5 tazas de pollo cocido y cortado en cubitos

2 tazas de uvas verdes, partidas a la mitad

1 taza de guisantes rojos

2 tazas de espinacas picadas empacadas

2 ½ tazas de apio en rodajas finas

7 Oz. Macarrones cocidos en espiral o lactanos

1 bote de corazones de alcachofas marinados

½ pepino

Cubra con 3 cebollas verdes en rodajas

Si es necesario, hojas grandes de espinaca

Rodajas de naranja al gusto

Para la cobertura:

½ taza de aceite de canola

una taza de azúcar

2 cucharas vinagre de vino blanco

1 cucharadita. sal

½ cucharadita de cebolla picada seca

1 cucharadita. Jugo de limon

2 cucharas Perejil fresco picado

método

Combine el pollo, los guisantes, las espinacas, las uvas, el apio, los corazones de alcachofa, el pepino, las cebolletas y la pasta cocida en un tazón grande y revuelva para combinar. Cubra y refrigere por unas horas. Mezcle los demás ingredientes en un recipiente aparte y refrigere en un recipiente cerrado. Prepare el aderezo justo antes de servir la ensalada mezclando todos los ingredientes y mezclándolos bien. Mezclar bien los ingredientes y servir inmediatamente.

¡Disfrutar!

Ensalada alemana de pepino

Ingredientes

2 pepinos alemanes grandes, en rodajas finas

½ cebolla rebanada

1 cucharadita. sal

½ taza de crema agria

2 cucharas azucar blanca

2 cucharas vinagre blanco

1 cucharadita. Eneldo seco

1 cucharadita. Perejil seco

1 cucharadita. El método del pimentón

Disponer los aros de cebolla y pepino en un plato. Sazone las verduras con sal y reserve durante al menos 30 minutos. Después de marinar, exprima el exceso de jugo de los pepinos. Mezclar la nata agria, el vinagre, el eneldo, el perejil y el azúcar en un bol con el vinagre, el eneldo y el perejil. Cubre las rodajas de pepino y cebolla con este aderezo. Refrigere durante la noche o por lo menos 8 horas. Justo antes de servir, espolvorea la ensalada con pimentón.

¡Disfrutar!

Ensalada de cítricos colorida con aderezo único

Ingredientes

1 bote de mandarina ¼ de taza de perejil fresco finamente picado

Hojas de ensalada al gusto

½ toronja pelada y en rodajas

½ pepino pequeño

1 tomate pequeño, cortado en rodajas

½ cebolla roja pequeña

½ cucharadita de azúcar moreno

3 cucharas Aderezo para ensaladas francés o italiano

1 cucharadita. Jugo de limon

1 pizca de estragón seco

1 cucharadita. Albahaca seca

cucharilla. Pimienta

método

Exprima el jugo de las naranjas y colóquelas en un tazón pequeño y reserve. Guarda el jugo. Tome un tazón pequeño y agregue el perejil, la albahaca, el estragón, el aderezo para ensaladas, el jugo de limón, el jugo de naranja, el azúcar morena y la pimienta. Revuelva la mezcla hasta que quede suave. Coloca las hojas de ensalada en un plato. Acomoda las frutas individualmente. Vierta el aderezo sobre la fruta y sirva.

¡Disfrutar!

Ensalada de patata, zanahoria y remolacha

Ingredientes

2 remolachas, cocidas y en rodajas

4 papas pequeñas hervidas y cortadas en cubitos

2 zanahorias pequeñas hervidas y rebanadas

3 cebollas verdes, picadas

3 pepinillos pequeños, cortados en cubos

¼ taza de aceite vegetal

2 cucharas vinagre espumoso

Agregar sal al gusto

método

Combine todos los ingredientes y mezcle bien para infundir los sabores.

Refrigera por unas horas y sirve muy frío.

¡Disfrutar!

Ensalada de melón y jamón

Ingredientes

1 1/2 tazas de melón dulce, cortado en cubos de 1/2 pulgada

1 1/2 tazas de melón, cortado en cubos de 1/2 pulgada

1 cuchara grande. menta fresca en rodajas finas

1/2 cucharadita de jugo de limón fresco

1/8 de cucharadita de pimienta negra recién molida

1 onza de jamón en rodajas finas, cortado en tiras finas

1/4 taza, 2 onzas de hojuelas frescas de Parmigiano-Reggiano

Pimienta negra molida al gusto

ramitas de menta al gusto

método

Combine todos los ingredientes en un tazón grande y mezcle bien hasta que estén bien cubiertos. Servir adornado con pimienta y ramitas de menta.

Servir inmediatamente.

¡Disfrutar!

Ensalada de maíz y frijoles blancos

Ingredientes

1 cabeza de escarola cortada en cuartos a lo largo y lavada

Spray para cocinar

1 onza de tocino, picado

1/2 calabacín mediano, cortado en cuartos y en juliana

1/2 diente de ajo picado

1/2 taza de granos de maíz frescos

1/4 taza de perejil plano fresco picado

1/2 lata de 15 onzas de judías verdes, enjuagadas y escurridas

1 cuchara grande. vinagre de vino tinto

1/2 cucharadita de aceite de oliva virgen extra

1/4 cucharadita de pimienta negra

método

Cocine la escarola en una sartén grande a fuego medio durante 3 minutos, o hasta que se ablande alrededor de los bordes. Limpia la sartén y cúbrela con aceite en aerosol. Caliente a fuego medio, luego agregue la panceta, el calabacín y el ajo y cocine a fuego lento hasta que estén suaves. Agregue el maíz y cocine por otro minuto. Combine la mezcla de maíz y escarola en un tazón grande. Agregue el perejil y el vinagre y mezcle bien. Agregue los demás ingredientes y mezcle bien. Atender.

¡Disfrutar!

www.ingramcontent.com/pod-product-compliance
Lightning Source LLC
Chambersburg PA
CBHW070418120526
44590CB00014B/1440